BEI GRIN MACHT SICH IHR WISSEN BEZAHLT

- Wir veröffentlichen Ihre Hausarbeit, Bachelor- und Masterarbeit

- Ihr eigenes eBook und Buch - weltweit in allen wichtigen Shops

- Verdienen Sie an jedem Verkauf

Jetzt bei www.GRIN.com hochladen
und kostenlos publizieren

Auswirkungen von Störungen der Datenübertragung im Industrie 4.0-Kontext

Karoline Weber

Bibliografische Information der Deutschen Nationalbibliothek:

Die Deutsche Nationalbibliothek verzeichnet diese Publikation in der Deutschen Nationalbibliografie; detaillierte bibliografische Daten sind im Internet über http://dnb.d-nb.de abrufbar.

ISBN: 9783346683175
Dieses Buch ist auch als E-Book erhältlich.

Druck und Bindung: Books on Demand GmbH, Norderstedt Germany
Gedruckt auf säurefreiem Papier aus verantwortungsvollen Quellen

Das vorliegende Werk wurde sorgfältig erarbeitet. Dennoch übernehmen Autoren und Verlag für die Richtigkeit von Angaben, Hinweisen, Links und Ratschlägen sowie eventuelle Druckfehler keine Haftung.

Das Buch bei GRIN: https://www.grin.com/document/1247893

Hochschule für angewandte Wissenschaften
Würzburg - Schweinfurt

Forschungsarbeit

Im Studiengang Wirtschaftsingenieurwesen

Auswirkungen von Störungen der Datenübertragung
im Industrie 4.0-Kontext

Abgabetermin: 11.07.2019

Inhalt

Abstrakt

Zweck: Die Forschungsarbeit soll Erkenntnisse über Störeinflüsse der Datenübertragung in einem geschlossenen Regelkreis hinsichtlich des dynamischen Systemverhaltens liefern.

Methodisches Vorgehen: Ein Laborexperiment diente als empirische Datenerhebung. Die Realisierung des Experimentes erfolgte über ein digitales Simulationsmodell in Matlab/Simulink. Als Beispielsystem wurde das inverse Pendel gewählt. Das Simulationsmodell bildete den geschlossenen Regelkreis des inversen Pendels einschließlich einer Totzeit nach. Die Simulation durchlief verschiedene Totzeiten zwischen 0 Sekunden bis 0,19 Sekunden. Die Ergebnisauswertung erfolgte in Excel.

Ergebnisse: Der Zeitpunkt der Systemstabilität ist von der zuvor festgelegten Fehlertoleranz abhängig. Trotz unterschiedlicher Fehlertoleranzen ist die Dauer bis zur Systemstabilität in Abhängigkeit von den Totzeiten immer in drei Bereiche zu unterscheiden. Der Zeitpunkt bis zur Systemstabilität ist unabhängig von der Totzeit für Totzeiten bis zu einer bestimmen Länge (bis ca. 0,15 Sekunden). Anschließend ist der Zeitpunkt bis zur Systemstabilität positiv korreliert mit der Dauer der Totzeit (von ca. 0,15 Sekunden bis ca. 0,17 Sekunden) bis hin zur Systeminstabilität für zu große Totzeiten (ab ca. 0,17 Sekunden). Des Weiteren ist die Schwankung der Amplitude von der Totzeit abhängig. Höhere Totzeiten führen zu größeren Schwankungen.

Wert: Die Erkenntnisse der Arbeit zeigen mögliche Folgen der Prozessregelung beim Eintreten von Störungen im Industrie 4.0-Kontext auf. Durch die Vernetzung der Industrie 4.0-Kerntechnologien untereinander und die Einbindung in den Regelkreis kann es zu Übertragungsstörungen kommen. Um diese Störungen zu beherrschen sind neben einer soliden Netzwerkverbindung auch das Wissen über mögliche Folgen des dynamischen Systemverhaltens erforderlich. Diese Arbeit dient als Basis für weitere Forschungsarbeiten, um zukünftig komplexe Prozessregelungen im Industrie 4.0-Kontext zu beherrschen.

Einleitung

Ziel der Industrie 4.0 ist es, durch die Vernetzung von intelligenten Maschinen, Logistiksystemen und Betriebsmitteln untereinander eine wechselseitig autonome Steuerung zu realisieren (Ramsauer, 2013). Kerntechnologien aus dem Industrie 4.0-Kontext sollen dies ermöglichen: die Mechatronik, Komponente des Embedded Systems, Internet of Things (IoT) als Netzwerke zur Datenübertragung, Big Data Anwendungen und eine Plattform, Cloud- oder CPS-basiert. Komponente des Embedded Systems sind physische Objekte die mit Mikrocontrollern, Kommunikationssystemen, Identifikatoren, Sensoren und Aktoren ausgestattet sind (Benke, 2019). Weiterhin führt die Etablierung der Technologien im Produktionsumfeld zunehmend zu komplexen Systemen, die es zu beherrschen gilt (Kagermann et al., 2013, S. 46). Autonome Systeme erweitern die klassische Prozessregelung. Durch die Rückkopplung von Echtzeitdaten in den Prozess sollen stabile und flexible Produktionssysteme entstehen (Frauenhofer Institut für Produktionstechnologie IPT, 2019, S. 21). Allerdings kann die Einbindung der Kerntechnologien aus dem Industrie 4.0-Kontext in den Regelungsprozess zu Störungen führen bspw. Zeitverzug bei der Datenübertragung oder Datenpaketverluste (Benke, 2019). Ebenso sind Störungen durch sensoreigene Fehlerquellen denkbar z. B. bei Umwelteinflüssen oder Sensorausfällen. Auch die Übertragung großer Datenmengen kann zu Beeinträchtigungen der Datenqualität führen (Klein, 2009, S. 177). Die Gewährleistung einer Systemstabilität trotz Störeinflüssen ist Aufgabe der Regelungstechnik (Mößmer, 1999, S. 36). Dabei können zwei wesentliche Eigenschaften in der Regelungstechnik ein instabiles System verursachen: die Totzeit und die Datenrückkopplung (Benke, 2019). Letzteres ergibt sich durch den Datenaustausch zwischen den Systemelementen aus dem Industrie 4.0-Kontext in Echtzeit (Benke, 2019). Totzeiten im Industrie 4.0-Kontext, welche die Güte der Regelung beeinträchtigen, können bspw. durch zu lange Übertragungswege der Daten entstehen (Steinbach et al., 2012).

Bisherige Forschungsarbeiten betrachteten Störungen von dynamischen Netzwerken, Datenpaketverlusten oder erforschten das Stabilitätsverhalten von CPS in einem geschlossenen Regelkreis (Benke, 2019). Auswirkungen von Störungen des dynamischen Stabilitätsverhaltens eines geschlossenen Regelkreises, welche aufgrund des Industrie 4.0-Kontextes entstehen können, wurden aber nicht ausreichend untersucht. Aus diesem Grund soll ein Beispielsystem mit Störeinflüssen modelliert werden, welches theoretisch die Kernelementen des Industrie 4.0-Kontextes umfasst. Anhand dessen sind Rückschlüsse über das dynamische Systemverhalten abzuleiten. In diesem Zusammenhang sollen folgende Fragestellungen betrachtet werden:

1. Wie könnte das Beispielsystem aussehen? 2. Wie lässt sich das Konzept modellieren? 3. Welche Erkenntnisse lassen sich aus dem Modell bezüglich des dynamischen Verhaltens ableiten?

Forschungsmethodik und Vorgehen

Ein Laborexperiment wird als Methodik der empirischen Datenerhebung angewandt. Diese Methodik dient der Überprüfung von Theorien und Hypothesen (Stier, 2013, S. 209f). Ziel der empirischen Untersuchung ist es, die Systemstabilität eines geschlossenen Regelkreises beim kontrollierten Eintreten einer Totzeit zu analysieren, die durch die Vernetzung der Industrie 4.0-Kernelemente auftreten kann. Folgende Hypothesen sollen untersucht werden:

1. Je kleiner der Zeitverzug auf dem Übertagungsweg, desto schneller zeigt das System ein stabiles Systemverhalten.

2. Zu große Zeitverzögerungen auf dem Übertragungsweg führen zu einem instabilen Systemverhalten.

Dabei liegt der Fokus auf dem Ursache-Wirkungs-Prinzip zwischen der kontrolliert ausgelösten Störung und der Reaktion des Reglers. Die Durchführung eines Experimentes ist sinnvoll, um kausale Zusammenhänge zwischen Variablen zu ergründen (Bredenkamp, 1980, S. 2). Dazu werden Ursache-Wirkungs-Zusammenhänge zwischen einer abhängigen und einer oder mehreren unabhängigen Variablen untersucht, wobei Störeinflüsse kontrolliert werden (Stier, 2013, S. 213). Der Aufbau des Laborexperimentes soll durch ein konkretes digitales Simulationsmodell in Matlab/Simulink realisiert werden. Das digitale Simulationsmodell bildet ein reales oder imaginäres System in ein Computermodell ab, an dem Experimente durchgeführt werden, um neue Erkenntnisse zu gewinnen (Hedtstück, 2013, S. 3).

Zunächst werden Rahmenbedingungen des Laborexperimentes, das Beispielsystem und der Aufbau des Regelkreises erläutert. Anschließend wird die Umsetzung des Regelkreises in Matlab/Simulink und die Ergebnisse des Regelungsverhalten beschrieben. Die Auswirkungen möglicher Störungen auf den Regelvorgang, die sich aus dem Zusammenwirken der Kerntechnologien aus dem Industrie 4.0-Kontext ergeben, werden im Fazit verdeutlicht.

1. Rahmenbedingungen Laborexperiment

Ein Laborexperiment findet in einer künstlich kontrollierten Umgebung statt (Eschweiler *et al.*, 2007). Damit das Experiment dieser Bedingung unterliegt, wird ein Simulationstool zur Datenerhebung eingesetzt. Der Vorteil besteht dabei aus der annähernd vollständigen Kontrolle über mögliche Einflussfaktoren durch den Forscher (Rack und Christophersen, 2007, S. 18f). Als Simulationstool wird Matlab/Simulink genutzt, da es sowohl in der industriellen Praxis als auch an Hochschulen standardmäßig verwendet wird (Zirn und Weikert, 2006, S. 205).

Kriterien, nach denen sich die Güte des Experimentes einstufen lassen, sind die Objektivität, die Reliabilität und die Validität (Rammstedt, 2010, S. 239). Die Objektivität und die Reliabilität wird durch das Simulationstool Matlab/Simulink gewährleistet. Unterschiedliche Forscher erzielen gleiche Messergebnisse unter der Voraussetzung, dass bei gleicher Vorgehensweise und identischer Laborbedingungen (dasselbe Modell in Simulink mit gleichen Parametern in Matlab) angewendet werden (Bortz und Döring, 2006, S. 326). Experimente sind reliabel, sofern die Wiederholung eines Experimentes unter denselben Bedingungen zu gleichen Ergebnissen führt (Rack und Christophersen, 2007, S. 27). Des Weiteren weisen Laborexperimente einen hohen Grad an interner Validität auf (Huber *et al.*, 2014, S. 24). Letztere liegt vor, wenn von einer Veränderung der abhängigen Variablen (Regler) auf eine Änderung der unabhängigen Variablen (ausgelöste Störung) geschlossen werden kann, wobei zwischen der internen und externen Validität unterschieden wird (Onwuegbuzie, 2000, S. 3). Eine externe Validität liegt vor, wenn sich die Ergebnisse des Experimentes auf die Realität übertragen und sich daraus allgemeingültige Schlussfolgerungen erschließen lassen (Balderjahn, 2003). Laborexperimente weisen allerdings eine niedrige externe Validität auf, da das Experiment unter kontrollierten Bedingungen stattfindet. Daher können die Ergebnisse nur bedingt auf eine reale Umgebung übertragen werden (Kühl, 2009, S. 552).

Als Beispielsystem wurde das inverse Pendel gewählt, da dies ein häufig anzutreffendes Beispiel aus der Regelungstechnik ist (Bode, 1998, S. 79). Zudem stellt es ein nichtlineares und instabiles System dar (siehe Abb. 1) (Bettayeb *et al.*, 2014), welches durch das Ausbalancieren des Pendels komplexe Reglungsanforderungen abbildet (Sieber und Krauskopf, 2004). Nichtlineare Systeme verzerren die Signale (Elsner, 2013, S. 59), sodass das Ausgangssignal neue Schwingungen aufweist, die zuvor nicht im Eingangssignal enthalten waren (Weber, 1997, S. 85). Durch Differenzialgleichungen lassen sich nichtlineare Systeme linearisieren (Benke, 2019). Die lineare Übertragungsfunktion des Regelkreises gibt Aufschluss über das Stabilitätsverhalten des dynamischen Systems. Anhand der Nullstellen (Eigenwerte bzw. Pole) des Übertragungsgliedes bspw. des inversen Pendels (siehe Abb. 1), lässt sich feststellen, ob es sich um ein stabiles, instabiles oder grenzstabiles (neutrales) System handelt (Dorf, R. C., Bishop, R. H., 2011, S. 387ff). Ein System ist stabil, wenn alle seine Pole in der linken (negativen)

Halbebene des reellen Bildbereiches (komplexe Ebene) liegen: $Re[x_i] < 0$ für alle i. Bei einem instabilen System liegt mindestens ein Pol im positiven reellen Bereich oder ein Mehrfachpol auf der Frequenzachse (siehe Abb. 1).

Das grenzstabile System ist dadurch gekennzeichnet, dass kein Pol im positiven und keine Mehrfachpole im imaginären Bereich liegen, aber auf der Imaginärachse mindestens ein Einfachpol vorhanden ist (Tröster, 2011, S. 287). Eine Polverschiebung in die linke Halbebene ist erforderlich, um die Stabilität des Regelkreises zu gewährleisten (Dorf, R. C., Bishop, R. H., 2011, S. 390). Diese Polverschiebung wird durch die Einstellung des Reglers ermöglicht (Roddeck, 2017, S. 704). Die Polstellungen des inversen Pendels können in Simulink abgerufen werden (siehe Abb. 1).

1.1 Beispielsystem: Inverse Pendel

Das inverse Pendel besteht aus einem senkrecht stehenden Pendelstab, der an einem Wagen befestigt ist (siehe Abb. 2). Der Wagen wird durch eine Motorkraft F in Bewegung gesetzt und ist an einer unbegrenzten Schiene befestigt (siehe Abb. 2) (Rybovic et al., 2012). Durch die horizontale Wagenbewegung wird das Pendel ausbalanciert (Zacher und Reuter, 2014, S. 252). Die Parameter für den Versuchsaufbau sind der Abbildung 2 zu entnehmen. Mathematisch lässt sich das System des inversen Pendels durch Differenzialgleichungen zweiter Ordnung beschreiben (Atay, 1999). Zur Vereinfachung wurde das Reibmoment des Pendellagers vernachlässigt und der Antriebsmotor wurde als Variable und nicht als eigenständiges System in Simulink abgebildet (siehe Abb. 4).

Die Bewegungsgleichungen des Wagens und des Pendels lauten wie folgt (Schwarz, 2013, S. 14):

Translation:

$$(M + m) * \ddot{x} = F - b + m * l * \ddot{\varphi} * cos\varphi - m * l * \dot{\varphi}^2 * \sin\varphi \tag{1}$$

Rotation:

$$\ddot{\varphi} * m * l^2 = m * l * g * sin\varphi + m * l * \ddot{x} * cos\varphi \tag{2}$$

Das Massenträgheitsmoment des Pendelschwerpunktes (Arnold, 2013, S. 31) ist in der Rotationsgleichung enthalten.

Massenträgheitsmoment:

$$I = m * l^2 \tag{3}$$

Durch Umformen der beiden Bewegungsgleichungen nach der Wagenbeschleunigung und der Winkelbeschleunigung resultieren folgende Gleichungen:

$$\ddot{x} = \frac{F - b + m*l*\ddot{\varphi}*cos\varphi - m*l*\dot{\varphi}^2*sin\ \varphi}{(M+m)} \tag{4}$$

$$\ddot{\varphi} = \frac{m*l*g*sin\varphi + m*l*\ddot{x}*cos\varphi}{m*l^2} \tag{5}$$

Das System des inversen Pendels kann durch diese beiden Gleichungen in Simulink abgebildet werden (siehe Abb. 3).

1.2 Regelkreis

Der Regelkreis besteht aus den klassischen Elementen des geschlossenen Regelkreises: Regler, Stellglied, Regelstrecke und Messglied. Das inverse Pendel beschreibt dabei die Regelstrecke. Beim Vorgang der Regelung wird der Ist-Wert (sog. Regelgröße) fortlaufend gemessen, rückgekoppelt und mit dem Soll-Wert (sog. Führungsgröße) verglichen. Aus dem Abgleich zwischen Soll- und Ist-Wert ergibt sich die Regeldifferenz. Letzteres wird an das Regelglied weitergeleitet. Die Übermittlung der Regeldifferenz an den Regler erfolgt über das Simulationsmodell, wodurch sich die gewünschte Führungsgröße einstellt (siehe Abb. 4) (Benke, 2019). Das Pendel mit der Schiene stellt den mechanischen und der Antriebsmotor den elektrischen Systemanteil der Regelstrecke dar (Schwarz, 2013, S. 18). Letzteres umfasst das Stellglied, welches Teil der Regelstrecke ist. Zur Vereinfachung wurde ein P-Regler eingesetzt (Benke, 2019). Der Verstärkungsfaktor des P-Reglers $Kp = 0{,}6$ wurde durch Ausprobieren in Simulink ermittelt, dies ist auch in der Praxis üblich (Schubert *et al.*, 1992, S. 35). Die Pendelposition φ ist stabil bei $\varphi = 0$ (Campos, L. M. B. C., 2010, S. 83). Dabei gilt folgende Formel:

$$\theta = \varphi + \pi$$

mit $\theta = \pi$ (Song *et al.*, 2013). Hieraus folgt, dass der Soll-Wert der Pendelposition $-\pi$ beträgt. Durch das ständige ausbalancieren des Pendelstabes, um den gewünschten Soll-Wert herum, erreicht das Pendel nie genau den Wert $-\pi$. Daher muss ein Toleranzbereich um $-\pi$ festgelegt werden (siehe Kapitel 2).

Damit alle erforderlichen Größen wie die Schlittenposition x, Wagengeschwindigkeit $\dot{x}$, Winkelposition φ und Winkelgeschwindigkeit $\dot{\varphi}$ bei der Regelung berücksichtigt werden können, wird eine Zustandsregelung angewandt (Roddeck, 2017, S. 704). Die Messung dieser Zustandsgrößen erfolgt in der Praxis über Sensoren (Roddeck, 2017, S. 707), welche das Messglied darstellen (Benke, 2019). In Simulink werden die Zustandsgrößen durch Verknüpfungen gemessen (siehe Abb. 4). Zudem können durch die starke Vernetzung der Kerntechnologien aus dem Industrie 4.0-Kontext (siehe Einleitung) Störungen bei der Datenübertragung entstehen, die eine Regelung beeinträchtigen, bspw. indem

Steuerungselemente in die Cloud verlegt werden. Der neue Telekommunikationsstandard 5G soll eine höhere Datenrate sowie eine erweiterte Konnektivität zwischen den Endgeräten ermöglichen. Insbesondere soll die Latenzzeit von 1 Millisekunde nicht überschritten werden (Graf *et al.*, 2016). Die Latenzzeit ist die Zeitspanne zwischen der Datenerfassung durch den Sensor und dem Zeitpunkt der Reaktion des Aktors (Benke, 2019). Damit das dynamische Systemverhalten des geschlossenen Regelkreises unter Betrachtung einer Latenzzeit analysiert werden kann, muss zuvor eine Totzeit in den Regelkreis integriert werden (siehe Abb. 4). Zur Durchführung des Testablaufes wurde das Totzeitglied zwischen dem Regler und der Regelstrecke eingegliedert.

2. Testdurchlauf und Datengewinnung

Die Simulation durchlief unterschiedliche Totzeiten, um zeitabhängige Rohdaten der vier Zustände der Reglung zu gewinnen: Wagenposition, Wagengeschwindigkeit, Pendelposition und Pendelgeschwindigkeit. Relevante Totzeiten konnten durch Testdurchläufe ermittelt werden. Aus den Testdurchläufen resultierte, dass erhebliche Veränderungen des dynamischen Systemverhaltens erst ab einer Totzeit zwischen 0,1 Sekunde und 0,2 Sekunden sichtbar werden. Die Messreihe der Totzeit ist der

Abbildung 5 zu entnehmen. Weitere Testdurchläufe zeigten, dass eine Simulationszeit von 15 Sekunden angemessen war, um eine mögliche Stabilisierung des inversen Pendels trotz größer werdender Totzeit aufzuzeichnen. Lediglich ab der Totzeit von 0,17 Sekunden bis 0,19 Sekunden wurde länger simuliert (von 30 Sekunden bis 100 Sekunden), um festzustellen, ob sich eine Systemstabilität zu einer späteren Zeit einstellt.

Weiterhin konnten die Daten direkt über Matlab in Excel übertragen werden. Damit die Daten miteinander verglichen werden konnten, wurde zuvor die Zeitspanne der Datenausgabe in Simulink auf 0,1 Sekunde eingestellt. Nach der Rohdatenerfassung wurden die Daten in Excel aufbereitet und zusammengefasst, um die zuvor definierten Hypothesen entweder zu bekräftigen oder zu wiederlegen (Gutenschwager *et al.*, 2017, S. 193). Die Pendelposition ist für die Analyse ausschlaggebend, da diese eine Systemstabilität oder -instabilität anzeigt. Daher bezieht sich die Analyse ausschließlich auf den Zustand der Pendelposition. Damit die Schwankungen sichtbarer sind, wurde außerdem die Skala der Pendelposition in Excel vergrößert (von -2 bis max. -5) (siehe Abb. 5) sowie der Fehlertoleranzbereich um π festgelegt: $\pi \pm 0{,}005$, $\pi \pm 0{,}01$, $\pi \pm 0{,}03$, $\pi \pm 0{,}05$.

3. Analyse des dynamischen Systemverhaltens

Dynamische Systeme sind zeitabhängig, d. h. das Zusammenwirken zwischen Eingangs- und Ausgangsgröße ist von der Zeit abhängig. Geschlossene Regelkreise besitzen ein ausgeprägtes dynamisches Systemverhalten, da sie sich über die Datenrückkopplung definieren (Benke, 2019). Die Datenanalyse zeigt zeitabhängige Schwankungen der Pendelposition in Abhängigkeit verschiedener Totzeiten. In der Abbildung 5 sind die Schwankungen zu erkennen, die mit steigender Totzeit größer werden. Eine Systemstabilität wird etwa im gleichen Bereich erreicht bei Totzeiten von 0 Sekunden bis 0,16 Sekunden (siehe Abb.5).

Mit der Totzeit von 0,17 Sekunden werden die Schwankungen so stark, dass sich das Pendel zwar auf den Wert $-\pi$ einschwingt, sich aber nicht innerhalb von 15 Sekunden stabil halten kann. Eine dauerhafte Stabilität stellt sich erst zwischen der 20 Sekunde und der 25 Sekunde ein (siehe Abb. 6). Ein instabiles System ist ab einer Totzeit von 0,18 Sekunden deutlich erkennbar (siehe Abb. 5). Zwar schwankt die Pendelposition um den Wert $-\pi$ (siehe Abb. 5), dennoch pendelt es sich bei einer längeren Zeitdauer der Simulation nicht ein. Ab einer Totzeit von 0,19 Sekunden schwankt die Pendelposition um den Wert 16. Somit gelingt es dem Regler nicht annähernd den Soll-Wert zu erreichen.

Nachfolgende Abbildung stellt die Totzeiten (0 Sekunden bis 0,17 Sekunden) dar und die Zeitpunkte, an denen das System stabil wird. Dabei werden vier Fehlertoleranzen angenommen (siehe Abb. 7). Je nachdem wie die Fehlertoleranz festgelegt wird, sind minimale Gefälle, minimale Steigungen oder minimale Schwankungen ersichtlich. Zudem pendelt sich das System trotz unterschiedlicher Totzeiten etwa zur gleichen Zeit ein, wobei der Zeitpunkt abhängig von der Fehlertoleranz ist (siehe Abb. 7). Größere Sprünge sind, je nach Wahl der Fehlertoleranz, erst im hinteren Bereich der Grafik ersichtlich. Bei einer Fehlertoleranz von bspw. $\pi \pm 0,005$ ist ein Sprung von 10,4 Sekunden auf 12,2 Sekunden erkennbar für Totzeiten zwischen 0,14 Sekunden und 0,15 Sekunden (siehe Abb.7). Ebenso ist bei der Fehlertoleranz von $\pi \pm 0,03$ ein Sprung ab der Totzeit von 0,15 Sekunden ablesbar (siehe Abb.7). Weiter Sprünge sind der Abbildung 7 zu entnehmen.

Insgesamt lässt sich feststellen, dass Totzeiten Auswirkungen sowohl auf das Schwingungsverhalten als auch auf das zeitabhängige Stabilitätsverhalten der Regelung aufweisen. Die Hypothese, je kleiner die Totzeit, desto schneller wird das System stabil, konnte widerlegt werden. Eine Systemstabilität stellt sich etwa zur selben Zeit ein, je nachdem wie die Fehlertoleranz festgelegt wurde. Dabei ist die Größe der Totzeit größtenteils irrelevant (siehe Abb. 7). So wird das System z. B. bei einer Fehlertoleranz von $\pi \pm 0,01$ etwa zur gleichen Zeit stabil (bei 10,1 Sekunden), sowohl bei einer Totzeit von 0,05 Sekunden bis zu 0,16 Sekunden (siehe Abb. 7). Die Hypothese kann nur für einen kleinen Geltungsbereich angenommen werden. Dieser Bereich ist von der Fehlertoleranz abhängig, bspw. kann die Hypothese im Bereich der Totzeit von 0,14 Sekunden bis 0,17 Sekunden bei einer Fehlertoleranz von π $\pm$ 0,005 angenommen werden (siehe Abb. 7). Weiterhin kann die Hypothese bestätigt werden bei folgenden Fehlertoleranzen und Totzeitabschnitten: Fehlertoleranz von $\pi \pm 0,01$ und Totzeiten von 0,16 Sekunden bis 0,17 Sekunden, Fehlertoleranz von $\pi \pm 0,03$ und Totzeiten von 0,15 Sekunden bis 0,17 Sekunden, Fehlertoleranz von $\pi \pm 0,05$ und Totzeiten von 0,16 Sekunden bis 0,17 Sekunden (siehe Abb. 7). Die Hypothese, dass zu große Totzeiten ein instabiles System zur Folge haben, konnte bestätigt werden. Bereits ab einer Totzeit von 0,18 Sekunden kann durch den Regler der Soll-Wert von $-\pi$ nicht erreicht werden und das System wird instabil.

Fazit

Diese Arbeit untersuchte Auswirkungen der Dauer von Störungen bei der Datenübertragung eines geschlossenen Regelkreises, die Einfluss auf das dynamische Systemverhalten aufweisen. Am Beispielsystem des inversen Pendels wurde dabei ein geschlossener Regelkreis in Simulink modelliert sowie eine Totzeit in den Regelkreis integriert. Die Anschließende Rohdatenerfassung ergab sich aus mehreren Simulationsdurchläufen unter der Voraussetzung verschiedener Totzeiteinstellungen zwischen 0 Sekunden bis 0,19 Sekunden. Die Daten wurden über Matlab in Excel übertragen, geordnet, zusammengefasst und analysiert.

Der Zeitpunkt der Systemstabilität hängt stark von der Fehlertoleranz ab. Dabei stellt sich eine Systemstabilität bei verschiedenen Totzeiten etwa zur gleichen Zeit ein. Lediglich bei einigen Totzeiten (ca. >0,14 Sekunden bis 0,17 Sekunden) stabilisiert sich das System erst zu einem späteren Zeitpunkt, je nach Fehlertoleranz. Zudem ist die Stärke der Schwankung von der Totzeit abhängig. Höhere Totzeiten erzeugen größere Schwankungen. Zu große Totzeiten führen zur Systeminstabilität.

Die Ergebnisse des Beispielsystems des inversen Pendels veranschaulichen mögliche Auswirkungen bei der Datenübertragung in einem Industrie 4.0-Umfeld. Übertragungsstörungen zwischen dem System und den Steuerungselementen, welche bspw. in die Cloud verlegt werden, können die Regelung beeinträchtigen (Graf *et al.*, 2016). Eine Netzstörung kann z. B. eine Totzeit verursachen, wodurch eine verspätete Reaktion des Reglers auf das System ausgelöst wird. Außerdem können zu lange andauernde Netzstörungen ein instabiles System zur Folge haben. Des Weiteren kann es zu Netzstörungen kommen, wenn sich das System an einem lokalen Standort befindet, die Steuerung in der Cloud aber global über das Internet bspw. aus dem Ausland erfolgt (Graf *et al.*, 2016). Auch Big Data und Analyse Anwendungen können Störungen bei der Datenübertragung verursachen, bspw. wenn zu große Datenpakete in kurzer Zeit analysiert und gespeichert werden müssen (Benke, 2019).

Der Zeitpunkt von der Datenanalyse bis zur Umsetzung durch die Steuerungselemente kann durch eine Totzeit veranschaulicht werden. Zusätzlich ist es möglich, die Datenanalyse an mehreren Positionen innerhalb des geschlossenen Regelkreises stattfinden zu lassen. So kann eine Messung und die Datenanalyse bspw. vor und nach der Regelstrecke oder auch zwischen dem Regler und dem Stellglied erfolgen. Im Falle einer Störung ist es so möglich, den Bereich des Auslösers der Störquelle zu finden. Allerdings kann es dadurch zu einem Zeitverzug bei der Datenübertragung in mehreren Bereichen des Regelkreises kommen. Eine solide Netzwerkverbindung ist daher essentiell, um die Kerntechnologien aus dem Industrie 4.0-Bereich in die Prozessregelung zu integrieren. Der Ausbau des Telekommunikationsstandard 5G soll dies ermöglichen (5G Alliance for Connected Industries and Automation (5G-ACIA), German Electrical and Manufacturers Association, 2019, S. 14). Die Latenzzeitanforderung einer Echtzeitsteuerung von Maschinen und Anlagen im Produktionsumfeld liegt üblicherweise zwischen 250 Millisekunden und 10 Millisekunden (Schulz *et al.*, 2017). In einem 5G-Netzwerk wird von einer Latenzzeit von max. 1 Millisekunde ausgegangen (Graf *et al.*, 2016). Die Resultate der Forschungsarbeit zeigen, dass eine Systemstabilität bis zu einer Latenzzeit von 0,17 Sekunden gewährleistet werden kann. Die Latenzzeit von 1 Millisekunde würde geringe Auswirkungen auf den Regelungsprozess aufweisen. Eine Systeminstabilität wäre damit nicht zu befürchten.

Das Beispielsystem des inversen Pendels bildet nicht die Komplexität der Prozessregelung im Industrie 4.0-Kontext ab. Lediglich einige Erkenntnisse konnten daraus abgeleitet werden. Die Simulation des Beispielsystems ist zudem ein theoretischer Ansatz. Die Übertragung des Beispielsystems an einem realen Objekt könnte zu weiteren praxisrelevanten Resultaten führen. Zusätzlich können weitere Störungen in den Regelkreis integriert werden, um eine Vernetzung der Kerntechnologien aus dem Industrie 4.0-Kontext an unterschiedlichen Bereichen des Regelkreises theoretisch abzubilden. Die Analyse von Störungen bei der Datenübertragung an einem weiteren Beispielsystem kann außerdem mit den Ergebnissen dieser Arbeit verglichen werden. Dazu sind gleiche Rahmenbedingungen erforderlich, unter anderem dasselbe Simulationsprogramm, gleiche Totzeiten und dasselbe Vorgehen bei der Auswertung. Der Vergleich könnte Aufschluss geben über mögliche Unterschiede und Übereinstimmungen, z. B. die Zeitpunkte der Systemstabilität, Zeitpunkte möglicher Systeminstabilitäten und mögliche Abhängigkeiten der Systemstabilität von den Totzeiten und den Fehlertoleranzen. Die Übertragung der Auswirkungen von Totzeiten im Regelungsprozess in ein Produktionsumfeld, bspw. in die Produktionslinie der C-Factory an der FHWS, könnte außerdem weitere praxisnahe Erkenntnisse liefern.

Literaturverzeichnis

5G Alliance for Connected Industries and Automation (5G-ACIA), German Electrical and Manufacturers Association (ZVEI) (2019), "5G for Connected Industries und Automation", White Paper, 5G Alliance for Connected Industries and Automation (5G-ACIA), German Electrical and Manufacturers Association (ZVEI), Frankfurt, 2019.

Arnold, V.I. (2013), "Gewöhnliche Differentialgleichungen", 2. Auflage, Springer, Berlin, Heidelberg.

Atay, F.M. (1999), "Balancing the Inverted Pendulum Using Position Feedback", *Applied Mathematics Letters*, H. 12, S. 51–56.

Balderjahn, I. (2003), "Validität", *WiSt - Wirtschaftswissenschaftliches Studium*, Bd. 32, H. 3, S. 130–135.

Benke, K. (2019), "Systemelemente eines geschlossenen Industrie 4.0-Prozessregelkreises", Forschungsarbeit im Studiengang Wirtschaftsingenieurwesen, Hochschule für angewandte Wissenschaften Würzburg - Schweinfurt, Schweinfurt, 2019.

Bettayeb, M., Boussalem, C., Mansouri, R. und Al-Saggaf, U.M. (2014), "Stabilization of an inverted pendulum-cart system by fractional PI-state feedback", *ISA transactions*, Bd. 53, H. 2, S. 508–516.

Bode, H. (1998), "Matlab in der Regelungstechnik. Analyse linearer Systeme", B. G. Teubner, Stuttgart, Leipzig.

Bortz, J. und Döring, N. (2006), "Forschungsmethoden und Evaluation. Für Human- und Sozialwissenschaftler", 4. Auflage, Springer, Heidelberg.

Bredenkamp, J. (1980), "Theorie und Planung Psychologischer Experimente", Dietrich Steinkopff Verlag, Darmstadt.

Campos, L. M. B. C. (2010), "Complex Analysis with Applications to Flows and Fields. Mathematics and Physics for Science and Technology", CRC Press, Boca Raton.

Dorf, R. C., Bishop, R. H. (2011), "Modern Control Systems", 12. Auflage, Pearson Education, Upper Saddle River, New Jersey.

Elsner, R. (2013), "Nichtlineare Schaltungen. Grundlagen, Berechnungsmethoden, Anwendungen", Springer, Berlin, Heidelberg.

Eschweiler, M., Evanschitzky, H. und Woisetschläger, D. (2007), "Ein Leitfaden zur Anwendung varianzanalytisch ausgerichteter Laborexperimente", *WiSt - Wirtschaftswissenschaftliches Studium*, Bd. 36, H. 12, S. 546–554.

Frauenhofer Institut für Produktionstechnologie IPT (2019), "Industrie 4.0 – Vernetzte, adaptive Produktion", Frauenhofer Institut für Produktionstechnologie IPT, 2019.

Graf, U., Heidel, R., Kadel, G., Kärcher, B., Mildner, F., Schulz, D. und Tenhagen, D. (2016), "Netzkommunikation für die Industrie 4.0", Diskussionspapier, Bundesministerium für Wirtschaft und Energie (BMWi), Berlin, 2016.

Gutenschwager, K., Rabe, M., Spieckermann, S. und Wenzel, S. (2017), "Simulation in Produktion und Logistik. Grundlagen und Anwendungen", Springer, Berlin, Heidelberg.

Hedtstück, U. (2013), "Simulation diskreter Prozesse. Methoden und Anwendungen", Springer, Berlin, Heidelberg.

Huber, F., Meyer, F. und Lenzen, M. (2014), "Grundlagen der Varianzanalyse. Konzeption - Durchführung - Auswertung", Springer, Wiesbaden.

Kagermann, H., Wahlster, W. und Helbig, J. (2013), "Deutschlands Zukunft als Produktionsstandort sichern. Umsetzungsempfehlungen für das ZukunftsprojektIndustrie 4.0", Abschlussbericht des Arbeitskreises Industrie 4.0, Forschungsunion für Wirtschaft und Wissenschaft, Acatech, 2013.

Klein, A. (2009), "Datenqualität in Sensordatenströmen", Dissertation, Technischen Universität Dresden, Fakultät Informatik, Dresden, 2009.

Kühl, S. (2009), "Experiment", Kühl, S., Strodtholz, P. und Taffertshofer, A. (Hrsg.), "Handbuch Methoden der Organisationsforschung. Quantitative und Qualitative Methoden", Springer VS Verlag für Sozialwissenschaften, Wiesbaden, S. 534–557.

Mößmer, H.E. (1999), "Methode zur simulationsbasierten Regelung zeitvarianter Produktionssysteme. Forschungsberichte Institut für Werkzeugmaschinen und Betriebswissenschaften", Herbert Utz, München.

Onwuegbuzie, A.J. (2000), "Expanding the Framework of Internal and External Validity in Quantitative Research" [ED 448 205], Valdosta State University, 2000.

Rack, O. und Christophersen, T. (2007), "Experimente", Albers, S., Klapper, D., Konradt, U., Walter, A. und Wolf, J. (Hrsg.), "Methodik der empirischen Forschung", 2. Auflage, Springer, Wiesbaden, S. 17–32.

Rammstedt, B. (2010), "Reliabilität, Validität, Objektivität", Wolf, C. und Best, H. (Hrsg.), "Handbuch der sozialwissenschaftlichen Datenanalyse", VS Verlag, Wiesbaden, S. 239–258.

Ramsauer, C. (2013), "Industrie 4.0 – Die Produktion der Zukunft", WING-Business, H. 3, S. 6–12.

Roddeck, W. (2017), "Entwicklung eines mechatronischen Systems", Böge, A. und Böge, W. (Hrsg.), "Handbuch Maschinenbau. Grundlagen und Anwendungen der Maschinenbau-Technik", 23. Auflage, Springer, Wiesbaden, S. 701–708.

Rybovic, A., Priecinsky, M. und Paskala, M. (2012), "Control of the inverted pendulum using state feedback control", Institute of Electrical and Electronics Engineers (IEEE) (Hrsg.), "Proceedings on 9th International conference", S. 145–148.

Schubert, J., Buchweitz, G., Schüngel, G. und Weideling, D. (1992), "Automatisierungstechnik in der Wasserversorgung. Lehr- und Handbuch Wasserversorgung Bd. 7", Oldenbourg Industrieverlag, München, Wien.

Schulz, P., Matthe, M., Klessig, H., Simsek, M., Fettweis, G., Ansari, J., Ashraf, S.A., Almeroth, B., Voigt, J., Riedel, I., Puschmann, A., Mitschele-Thiel, A., Müller, M., Elste, T. und Windisch, M. (2017), "Latency Critical IoT Applications in 5G: Perspective on the Design of Radio Interface and Network Architecture", IEEE Communications Magazine, Bd. 55, H. 2, S. 70–78.

Schwarz, H. (2013), "Mehrfachregelungen. Grundlagen einer Systemtheorie", Springer, Berlin, Heidelberg.

Sieber, J. und Krauskopf, B. (2004), "Complex balancing motions of an inverted pendulum subject to delayed feedback control", Physica D: Nonlinear Phenomena, Bd. 197, H. 3-4, S. 332–345.

Song, Z., Song, X., Liu, C. und Zhao, Y. (2013), "Research on Real-time Simulation and Control of Linear 1-stage Inverted Pendulum", Journal of Computers, Bd. 8, H. 4, S. 896–903.

Steinbach, T., Korf, F. und Schmidt, T.C. (2012), "Simulation und Evaluation von Echtzeit-Ethernet in Fahrzeugnetzen", PIK - Praxis der Informationsverarbeitung und Kommunikation, Bd. 35, H. 2, S. 67–74.

Stier, W. (2013), "Empirische Forschungsmethoden", Springer, Berlin, Heidelberg.

Tröster, F. (2011), "Steuerungs- und Regelungstechnik für Ingenieure", 3. Auflage, Oldenbourg, München.

Weber, R. (1997), "Konzeption, Realisierung und Anwendung einer Hybrid-Simulationsanlage für Nachrichtenübertragungssysteme", Herbert Utz, München.

Zacher, S. und Reuter, M. (2014), "Regelungstechnik für Ingenieure. Analyse, Simulation und Entwurf von Regelkreisen", 14. Auflage, Springer, Wiesbaden.

Zirn, O. und Weikert, S. (2006), "Modellbildung und Simulation hochdynamischer Fertigungssysteme. Eine praxisnahe Einführung", Springer, Berlin, Heidelberg.